送給

送給
送給
送給

神奇大樓之

夜裏誰在叫？

文：黃慶雲
圖：王曉明

兒童書系

神奇大樓之夜裏誰在叫？

作者
黃慶雲

主編
小麥子

責任編輯
張小鳴

插圖
王曉明

美術監督
蔡桂球

美術設計
郭禹光

出版／發行
基道文字事工
香港沙田火炭坳背灣街26號
富騰工業中心1011室

Logos Publishers
Unit 1011 Fo Tan Ind. Centre, 26 Au Pui Wan St., Fo Tan,
Shatin, Hong Kong
電話 : 2687-0331 傳真 : 2687-0281
網址：http : //www.logoslink.org.hk

版次
1997年4月第1版

© 基道文字事工有限公司
©1997 by Logos Ministries Ltd.

ISBN 962-457-124-4

版權所有 • 請勿翻印
ALL RIGHTS RESERVED

PRINTED IN HONG KONG

本書由香港藝術發展局資助，本書所表達之意見或觀點及其所有內容，均未經香港藝術發展局作技術認可或證明確實無誤，亦並不一定代表香港藝術發展局之立場。

出版緣起

有一陣，常有學童自殺的事件出現，身為家長的我們，難免驚惶困惑。我禁不住問十多歲的大兒子：「小朋友為甚麼要自殺?」他也是一個小孩子，問他自然是恰當的。他想了一下說：「不大清楚。」然後，大概見我一副迷惘的神情，便安慰我說：「我是不會自殺的。」接著，他說：「大概是科技物質愈豐富，心靈愈空虛吧！」是的，身處在香港或像香港這樣的現代大都會，物質科技的供應與教育層出不窮，相反，關於心靈的培育卻是貧乏的。

我不禁想起十九世紀末舊俄大文豪托爾斯泰說過的一段話：「將來的

藝術家一定會明白：為小朋友創作一則優美的故事、一首好歌，或是編寫人人能懂的傳奇、謎語和笑話，可能比創作長篇小說和交響樂更重要……」

我並不是甚麼藝術家，只是一個兩個孩子的母親，由於對孩子的愛，我十分明白托爾斯泰的話，因此，當思想基道文字事工這一系列叢書時，不免渴望在其中開設一塊培植澆灌心靈的園地——那就是各色各樣的兒童文藝創作，無論是詩歌、故事、笑話、傳奇……好讓幼弱的心靈從小得到滋潤而成長得壯大，豐盛多彩。話雖如此，但是好作者是難求的，尤其是藝術出眾而又肯為小朋友效力的好作者。

因此，在得著雲姐姐（黃慶雲女士）這一本活潑可愛而又切合現代生活的童話詩時，那喜悅的心情是無法形容的，不因為滿足了多年來為雲姐姐編一本書的心願，而是，我們的確可以有一本為小朋友創作的童詩集；不因為這是一本為小朋友創作的童話詩，而是這的而且確是出於一位一生全力為小朋友奉獻的兒童文學家的年青而可愛的心的作品。

此外，更要感謝中國出色的插圖家王曉明先生為我們繪畫每一幅精巧美麗的彩圖，還有感謝藝術發展局撥款支持這書的出版。

小麥子

九七春

作者的話

孩子最早接觸的文學是詩歌——從媽媽口中唱出的搖籃曲。

孩子最愛聽的是童話和神奇的故事：貓咪、小狗會說話，大人、孩子會飛天遁地。

孩子的眼睛最能欣賞美麗的東西，孩子最早的書就是圖畫書，圖畫給他們留下美麗的印象，也喚起美麗的聯想。

孩子漸漸長大了，詩的環境、童話的幻想也跟著童年的消失而逐漸褪色了。

我願意為孩子們留住那詩情畫意的樂園，把故事溶進詩歌裏，用童話的翅膀使幻想飛得更高，看到的世界更寬廣，更可愛。

同時，也藉著美麗的圖畫，把我們的童話裝成可讀的玩具。

現在，我把這可讀的玩具擺在小讀者的眼前，希望大家讀不厭，玩不厭！

黃慶雲

大海的旁邊……

大海的旁邊，

有一座高樓，

好像船兒在水上浮。

白雲在它頭上飄，

魚兒在它腳下游。

人們住在高樓裏，

好像住在船裏頭。

高樓的名字，

叫「神奇大樓」。

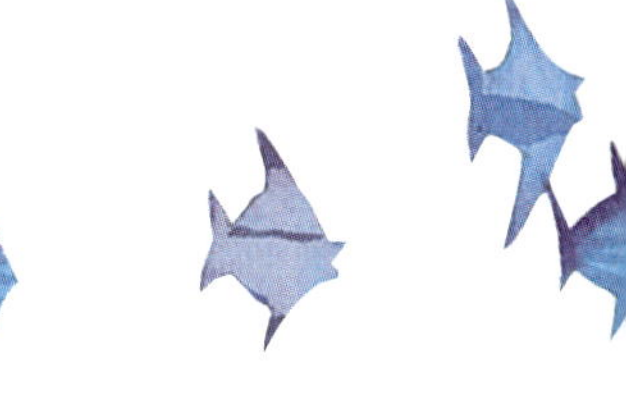

大樓上住著一個小孩子，

他的名字叫小波，

他吃的東西多又多。

青葡萄，

甜菠蘿，

圓圓的西瓜，

紅紅的蘋果，

媽媽送來了一個又一個。

水果香，

水果甜。

小波吃水果，

挑挑又選選。

葡萄他嫌小，

菠蘿他嫌酸。

蘋果吃了一半，

就丟掉一半。

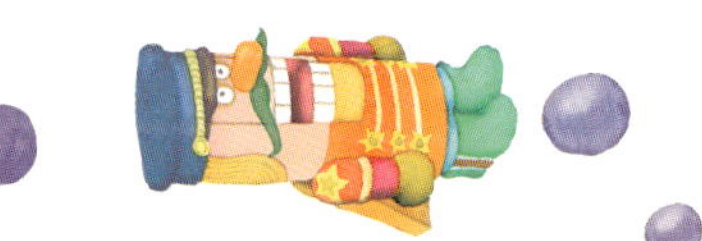

Ricola
利口樂
填上適當的字
衣
本
套
羊
Fullmilk
kent

桌子上，

有糖果，

送糖果的是婆婆；

地板上，

有糖紙，

亂丟糖紙的是小波。

小波的作業本常常甜滋滋，

惹了螞蟻來開生日會。

本子上常常粘糊糊，

把上頁和下頁黏在一起。

本子上還出現一隻隻黑肥豬，

那是老師給小波的評語。

窗外月兒明，

窗外星星亮。

媽媽對小波說：

「花兒睡覺了，

小鳥也不唱。

小波快快睡，

明天早起迎太陽。」

咳！

咳！

小波睡到半夜，

給一個聲音吵醒啦！

咳！

咳！

這個聲音真奇怪，

咳！咳！咳！

吓！吓！吓！

活像一個老人家。

咳！

咳！

小波波，

多害怕，

開了電燈到處找。

望一下，

問一下：

「誰在咳呀?

誰在叫呀? 」

咳！

咳！

咳！

找呀找，

找呀找，

聲音來自牀底下。

半個紅蘋果，

一邊咳嗽，

一邊往外爬。

小波又奇怪又害怕。

「原來是蘋果老伯伯！

我不該把你丟在地，

弄得你全身黑麻麻，

弄得你半夜咳咳咳，

請你，請你，

原諒我吧！」

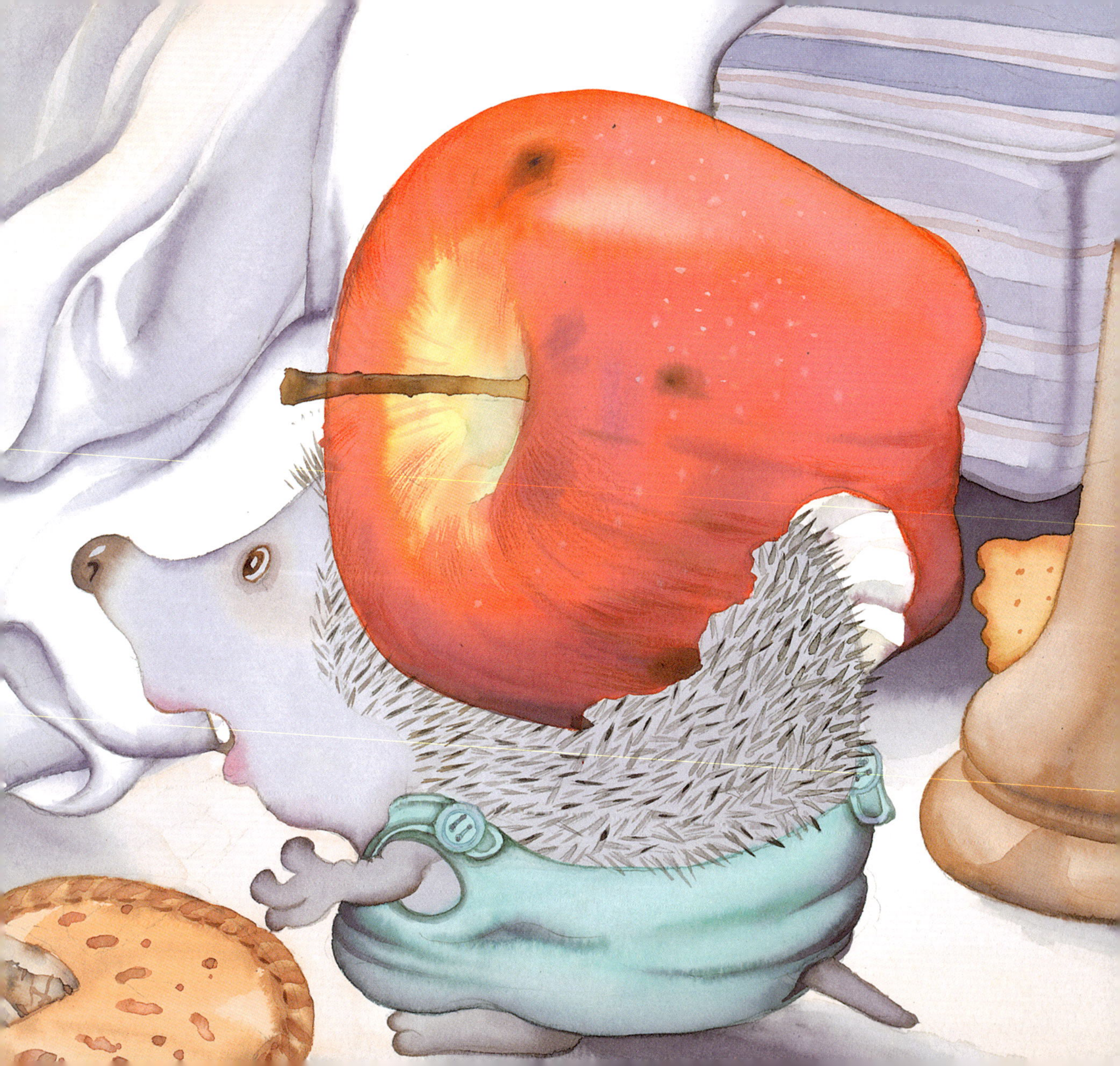

半個紅蘋果，

忽然說了話：

「我不是咳嗽，

我是在深呼吸啦。

我也不是蘋果老伯伯，

我是小刺蝟，

就在這半個蘋果底下。」

小波問：「你在做甚麼？」

小刺蝟說：「我要回家。

媽媽給你的蘋果你不要，

我卻要把它帶給我的媽媽。

她看見這蘋果，

一定笑哈哈！」

胡！

小刺蝟背著蘋果跑，

忽然聽到胡胡一聲叫。

小刺蝟說：

「不好了！

老虎來了！」

牠把身體蜷成一團，

骨碌骨碌滾出去了。

胡！

貓咪「胡胡」一聲叫，

一跳跳到房裏來了。

小波生氣地說：

「貓咪，貓咪，真不好，

不去捉老鼠，

半夜裏高聲叫。」

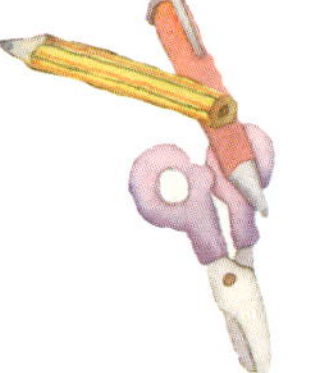

MAUXION

小貓說：

「小波，這都怪你！

你吃了糖，

我吃了你的糖紙，

糖紙吃了我的牙齒。

沒有牙齒，

我怎麼過日子?

只好扮扮老虎嚇老鼠！」

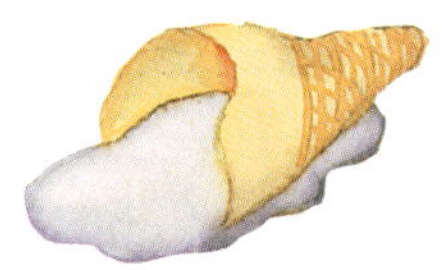

小波望望貓咪的嘴巴，

只見窟窿不見牙。

小波說：

「貓咪，貓咪，對不起，

明天請婆婆借給你一副假牙，

你不要再學老虎叫，

免得吵醒我媽媽。」

忽然轟隆一聲響，

小貓嚇得飛跑了。

小波走到窗前看，

天上飛來一把大掃帚。

小波說：

「半夜裏誰在掃地？

半夜裏誰在鬧？」

又是轟隆一聲響，

地球彷彿要裂開，

一個黑衣的女巫，

噼哩啪啦滾下來。

她說：

「別見怪！別見怪！

我的掃帚飛得快。

我一時坐不穩，

跌到了這裏來。」

小波說：

「你在天上幹甚麼？」

女巫說：

「我在天上掃星星。」

小波說：

「能不能給我一兩顆？」

「那就看你乖不乖，

我的小波波。

星星愛看乖孩子，

孩子愈乖星愈多。」

女巫一面飛，

一面笑呵呵。

第二天早上，

媽媽又拿來了兩個紅蘋果，

媽媽說：

「小波快來選選，

你要哪一個？」

小波說：

「大的蘋果給媽媽，

小的蘋果留給我！

兩個蘋果都不錯。」

巨人傳

小波進步啦，

小波學乖啦，

他再不隨地丟垃圾。

做功課前洗洗手，

早上晚上刷刷牙。

螞蟻不來了，

老鼠搬了家，

貓咪天天都放假，

樂得玩玩自己的尾巴。

小波的作業本子上，

沒有果汁也沒有糖，

只有一顆一顆小星星，

在上面不斷地發著光。

那是老師貼上去的，

像天上的星星那麼閃閃亮。

天上白雲一朵朵，

天上星星一顆顆。

小波要看雲裏的女巫，

是不是也在看小波?

小波想數數天上的星星，

是不是也少了幾顆?

天上的星星數不完，

小波愈數心裏愈快樂！

完

看過小波的奇遇，有甚麼想法或感覺？不妨告訴爸爸媽媽，他們一定好喜歡聽的。

怎麼？還想多看幾本同樣有趣的書，那麼，請你翻到後面自己選擇吧！

馬虎兄弟

文：小麥子

圖：小馬、小虎

大30開　80頁

· 小馬、小虎、爸爸、媽媽，一家四口，生活樂趣多。

· 小馬小虎相親相愛，爸爸媽媽童心未泯，一家人歡度無數日子。你可有興趣認識這家人？跟他們一起享受家庭生活、校園歲月、台灣之旅？

· 小馬小虎努力畫插圖，媽媽小麥子親自執筆，為你製造一個開心的家庭樂園。

童畫祕笈

文：張雅燕

圖：一羣想像力豐富的小朋友

大 30 開　128 頁

· 圖畫會說話？又會長大？船變屋，屋又變船？KEROPPI和忍者龜變成偶像?地心吸力消失了？……還有一大堆想也沒想過的事情。

· 十多位小朋友嘗試以五顏六色的圖畫解答以上難題，雅燕姨姨則設計了一些遊戲，讓你跟爸爸媽媽開心地發揮想像力，說不定你也會有興趣跟他們一起畫圖畫呢！

成長智多FUN

文：羅乃萱

圖：鄧美心

大30開　64頁

· 你有沒有遇過這類情況？老師改錯了你的試卷；功課做不完；好朋友要絕交；嘴巴長到腳上；家裏停電……

· 乃萱姨姨知道你**思考力及應變力**非常高，所以特別為你設計了**一連串IQ及生活問題**，讓你一顯本領，美心姐姐還畫了可愛的圖畫，增加思考趣味。

· 書中遊戲既可以自己玩，又可以與爸爸媽媽一起玩；乃萱姨姨還寫了很多便條，**讓爸爸媽媽待你更加好**。